U0136730

新刻山海經序

晉記室參軍郭璞撰

世之覽山海經者皆以其閎誕迂誇多奇怪俶儻之言莫不疑焉嘗試論之曰莊生有云人之所知莫若其所不知吾於山海經見之矣夫以宇宙之寥廓羣生之紛紜陰陽之煦蒸萬殊之區分精氣渾淆自相濆薄遊魂靈怪觸像而構流形於山川麗

狀於木石者惡可勝言乎然則總其所以乖鼓之於一響成其所以變混之於一象世之所謂異未知其所以異世之所謂不異未知其所以不異何者物不自異待我而後異異果在我非物異也故胡人見布而疑黂越人見罽而駭毳夫翫所習見而奇所希聞此人情之常蔽也今略舉可以明之者陽火出於氷水陰鼠生於炎山而

俗之論者莫之或恠及談山海經所載而咸恠之是不恠所可恠而恠所不可恠也不恠所可恠則幾於無恠矣恠所不可恠則未始有可恠也夫能然所不可不可所不可然則理無不然矣案汲郡竹書及穆天子傳穆王西征見西王母執璧帛之好獻錦組之屬穆王享王母于瑤池之上賦詩往來辭義可觀遂襲崑崙之丘遊軒轅之宮眺鍾山之嶺玩帝者之寶勒石王母之山紀跡玄圃之上乃取其嘉木豔草奇鳥恠獸玉石珍瑰之器金膏燭銀之寶歸而殖養之於中國穆王駕八駿之乘右服盜驪左驂騄耳造父為御犇戎為右萬里長騖以周歷四荒名山大川靡不登濟東升大人之堂西燕王母之廬南轢黿鼉之梁北躡積羽之衢窮歡極娛然後旋歸案史

記說穆王得盜驪騄耳驊騮之驥使造父御之以西巡守見西王毋樂而忘歸亦與竹書同左傳曰穆王欲肆其心使天下皆有車轍馬跡焉竹書所載則是其事也而譙周之徒足爲通識瑰儒而雅不平此驗之史考以著其妄司馬遷叙大宛傳亦云自張騫使大夏之後窮河源惡覩所謂崑崙者乎至禹本紀山海經所有怪物余不

敢言也不亦悲乎若竹書不潛出於千載以作徵於今日者則山河之言其幾乎廢矣若乃東方生曉畢方之名劉子政辨盜械之尸王頎訪兩面之客海民獲長臂之衣精驗潛効絶代懸符於戲羣惑者其可以少寤乎是故聖皇原化以極變象物以應怪鑒無滯賾曲盡幽情神焉廋哉神焉廋哉蓋此書跨世七代歷載三千雖暫顯

於漢而尋亦寢廢其山川名號所在多有舛謬與今不同師訓莫傳遂將湮泯道之所存俗之所喪悲夫余有懼焉故為之創傳疏其壅閡闢其茀蕪領其玄致標其洞涉庶幾令逸文不墜于世奇言不絕於今夏后之迹靡刊於將來八荒之事有聞於後裔不亦可乎夫蘙薈之翔叵以論垂天之凌蹄涔之遊無以知絳虬之騰鈞天之庭豈伶人之所躡無航之津豈蒼兕之所涉非天下之至通難與言山海之義矣嗚呼達觀博物之客其鑒之哉

新刻山海經卷之一

晉　郭璞　傳
明　胡文煥　校

南山經

南山經之首曰䧿山其首曰招搖之山臨于西海之上在蜀伏山山南之西頭濱西海也多桂桂葉似枇杷長二尺餘廣數寸味辛白花叢生山峯冬夏常青間無雜木呂氏春秋曰招搖之桂多金玉有草焉其狀如韭璨曰韭音九爾雅云霍山亦多之而青花其名曰祝餘或作桂荼食之不饑有木焉其狀如穀而黑理穀楮也皮作紙璨曰穀亦名構名穀者以其實如穀也其花四照言有光燄也若木華赤其光照地亦此類也見離騷經其名曰迷穀佩之不迷有獸焉其狀如禺而白耳禺似獼猴而大赤目長尾今江南山中多有說者不了此物名禺作牛字圖亦作牛形或作猴皆失之也禺字音遇伏行人走生生禺獸狀如猿伏行交足亦此類也見京房易其名曰狌狌食之善走麗麐之水出焉麐音作几而西流注于海其中多育沛未詳佩之無瘕疾瘕蟲病也

又東三百里曰堂一作常庭之山多棪木棪別名連其子似柰而赤可食音剡多白猿今猿似獼猴而大臂脚長便捷色有黑有黃鳴其聲哀多水玉水玉今水精也相如上林賦曰水玉磊砢赤松子所服見列仙傳多黃金

又東三百八十里曰猨翼之山其中多怪獸水多怪魚凡言怪者皆謂貌狀倔奇不常也尸子曰徐偃王好怪沒深水而得怪魚入深山而得怪獸者多列

於庭多白玉多蝮虫（蝮虫色如綬文鼻上有鍼大者百餘斤一名反鼻虫古虺字）多
怪蛇多怪木不可以上
又東三百七十里曰杻陽之上（音紐）其陽多赤金（銅也）其
陰多白金（銀也見爾雅山南為陽山北為陰）有獸焉其狀如馬而白
首其文如虎而赤尾其音如謠（如人歌聲）其名曰鹿蜀佩
之宜子孫（佩謂帶其皮尾）怪水出焉而東流注于憲翼之水
其中多玄龜其狀如龜而鳥首虺尾（虺尾銳）其名曰旋
龜其音如判木（如破木聲）佩之不聾可以為底（底躪也為猶治也外
傳曰疾不可為一作底猶病愈也）東三百里柢山（音蒂）多水無草木有
魚焉其狀如牛陵居蛇尾有翼其羽在魼下（亦作脅）其

音如留牛（莊子曰執犂之狗謂此牛也穆天子傳曰天子之狗執虎豹）其名曰鯥
（音六）冬死而夏生（此亦蟄類也謂之死者言其蟄無所知如死耳）食之無腫疾
又東四百里曰亶爰之山（亶音蟬）多水無草木不可以
上（言崇峭也）有獸焉其狀如狸而有髦其名曰類（類或作沛髦或
作髮）自為牝牡食者不妬（莊子亦曰類自為雌雄而化今貆猪亦自為雌雄）
又東三百里曰基山其陽多玉其陰多怪木有獸焉
其狀如羊九尾四耳其目在背其名曰猼訑（傅施二音旆一
作隨）佩之不畏（不知恐畏）有鳥焉其狀如鷄而三首六目六
足三翼其名曰鶘鵂（鶘鵂急性敞孚二音）食之無臥（使人少眠）
又東三百里曰青丘之山（亦有青丘國在海外水經云即上林賦云秋田於青

其陽多玉其陰多青雘(雘黝屬音瓠)有獸焉其狀如狐而九尾(即九尾狐)其音如嬰兒能食人食者不蠱(噉其肉令人不逢妖邪之氣或曰蠱蠱毒)有鳥焉其狀如鳩其音若呵(如人相呵呼聲)名曰灌灌(或作濩濩)佩之不惑英水出焉南流注于即翼之澤其中多赤鱬(音儒)其狀如魚而人面其音如鴛鴦食之不疥(一作疾)

又東三百五十里曰箕尾之山其尾踆于東海多沙石(踆古蹲字言臨海上音存)汸水出焉(音芳)而南流注于淯(音淯)其中多白玉凡䧿山之首自招搖之山以至箕尾之山凡十山二千九百五十里其神狀皆鳥身而龍首其祠之禮毛(言擇牲取其毛色也周官曰陽祀用騂牲之毛)用一璋玉瘞(半圭為璋瘞埋也)糈用稌米(糈祀神之米名先呂反今江東音所一音壻稌徐稻也他覩反糈或作疏非也)一璧稻米白菅為席(菅茅屬也音問)

南次二經之首曰柜山(音矩)西臨流黃北望諸毗東望長右(皆山名)英水出焉西南流注于赤水其中多白玉(尸子曰水方折者有玉員折者有珠)多丹粟(細丹砂如粟也)有獸焉其狀如豚有距其音如狗吠其名曰狸力見則其縣多土功有鳥焉其狀如鴟而人手(其脚如人手鴟音處脂反)其音如痺(未詳)其名曰鴸(音株)其鳴自號也見則其縣多放士(放放逐或作效也)

東南四百五十里曰長右之山無草木多水有獸焉

其狀如禺而四耳其名長右〔以山出此獸因以名之〕其音如吟〔如人呻吟聲〕見則郡縣大水

又東三百四十里曰堯光之山其陽多玉其陰多金有獸焉其狀如人而彘鬣穴居而冬蟄其名曰猾裹〔滑懷兩音〕其音如斲木〔如人斫木聲〕見則縣有大繇〔謂作役也或曰其縣亂〕

又東三百五十里曰羽山〔今東海祝其縣西南有羽山即鯀所殛處計此道里不相應似非也〕其下多水其上多雨無草木多蝮虫〔蚖也〕

又東三百七十里曰瞿父之山〔音劬〕無草木多金玉

又東四百里曰句餘之山無草木多金石〔今在會稽餘姚縣南句章縣北故此二縣因此為名云見張氏地理志〕

又東五百里曰浮玉之山北望具區〔具區今吳縣西南太湖也尚書謂之震澤〕東望諸毗〔水名〕有獸焉其狀如虎而牛尾其音如吠犬其名曰彘是食人苕水出于其陰北流注于具區其中多鮆魚〔鮆魚狹薄而長頭大者尺餘太湖中今饒之一名刀魚音祚啓反〕

又東五百里曰成山四方而三壇〔形如人築壇相累人成亦重耳〕其上多金玉其下多青雘閼水出焉〔音涿〕而南流注于〔一作流注于西〕虖勺〔虖音呼勺或作多下同〕其中多黃金〔今永昌郡水出金如糠在沙中尸子曰清水出黃金玉英〕

又東五百里曰會稽之山四方〔今在會稽郡山陰縣南上有禹冢及井〕

其上多金玉其下多碔石(碔武夫石似玉今長沙臨湘出之赤地白文色蘢葱不分明)勺水出焉而南流注于湨(音鴡)

又東五百里曰夷山無草木多沙石湨(一作淏)水出焉而南流注于列塗

又東五百里曰僕勾(一作夕)之山其上多金玉其下多草木無鳥獸無水

又東五百里曰咸陰之山無草木無水

又東四百里曰洵(一作洵)山其陽多金其陰多玉有獸焉其狀如羊而無口不可殺也(稟氣自然)其名曰䍺(音還或音患)洵水出焉(音詢)而南流注於閼之澤(音遏)其中多芘蠃(紫色螺也)

又東四百里曰虖勺之山其上多梓柟(梓山楸也柟大木葉似桑今作楠音南爾雅以為柟)其下多荊杞(杞苟杞也子赤)滂水出焉(音滂沱之滂)而東流注于海

又東五百里曰區吳之山無草木多砂石鹿水出焉而南流注于滂水

又東五百里曰鹿吳之山上無草木多金石澤更之水出焉而南流注于滂水水有獸焉名曰蠱雕(蠱或作纂)其狀如雕而有角其音如嬰兒之音是食人

東五百里曰漆吳之山無草木多博石無玉(可以為博棊石)

處于海東望丘山其光載出載入神光之所潛燿是惟日次是日景之所次舍

凡南次二經之首自柜山至于漆吳之山凡十七山七千二百里其神狀皆龍身而鳥首其祠毛用一璧瘞糈用稌稻穬也

南次三經之首曰天虞之山其下多水不可以上

東五百里曰禱過之山其上多金玉其下多犀兕犀似水牛豬頭庳脚脚似象有三蹄大腹黑色三角一在頂上一在額上一在鼻上在鼻上者小而不墮食角也好噉棘口中常灑血沫兕亦似水牛青色一角重三千斤多象象獸之最大者長鼻大者牙長一夫性妬不畜淫子有鳥焉其狀如鵁鵁似鳧而小脚近尾音箴箭之箴而白首三足或作手人面其名曰瞿如音劬其鳴自號也泿水

出焉音銀而南流注于海其中有虎蛟蛟似蛇四足龍屬其狀魚身而蛇尾其音如鴛鴦食者不腫可以已痔

又東五百里曰丹穴之山其上多金玉丹水出焉而南流注于渤海渤海海岸曲崎頭也有鳥焉其狀如雞五采而文名曰鳳皇首文曰德翼文曰義背文曰禮膺文曰仁腹文曰信是鳥也飲食自然自歌自舞見則天下安寧漢時鳳鳥數出高五六尺五采莊周說鳳文字與此有異廣雅曰鳳鷄頭鷰頷蛇頸龜背魚尾雌曰皇雄曰鳳

又東五百里曰發爽或作喪之山無草木多水多白猿泛水出焉而南流注于渤海

又東四百里至于旄山之尾其南有谷曰育遺或作隧多怪鳥廣雅曰鶟鶘鶻朋爰居鵕雀皆怪鳥之屬也凱風自是出凱風南風

又東四百里至于非山之首其上多金玉無水其下多蝮虫

又東五百里曰陽夾之山無草木多水

又東五百里曰灌湘之山上多木無草多怪鳥無獸一作灌湖射之山

又東五百里曰鷄山其上多金其下多丹雘雘赤色者或曰雘美丹也見尚書音尺蠖之蠖黑水出焉而南流注于海其中有鱄魚音團扇之團其狀如鮒而彘毛其音如豚見則天下大旱

又東四百里曰令丘之山無草木多火其南有谷焉曰中谷條風自是出東北風為條風記曰條風至出輕繫督逋留有鳥焉其狀如梟人面四目而有耳其名曰顒音娛其鳴自號也見則天下大旱

又東三百七十里曰侖者之山音論說之論一音倫其上多金玉其下多青雘有木焉其狀如穀而赤理其汗如漆其味如飴食者不饑可以釋勞其名曰白䓘或作睪蘇睪蘇一名白䓘見廣雅音羔可以血玉血謂可用染玉作光彩

又東五百八十里曰禺稾之山多怪獸多大蛇

東五百八十里曰南禺之山其上多金玉其下多水有穴焉水出輒入夏乃出冬則閉佐水出焉而東南流注于海有鳳皇鵷鶵亦鳳屬

凡南次三經之首自天虞之山以至南禺之山凡一十四山六千五百三十里其神皆龍身而人面其祠皆一白狗祈祈請禱也糈用稌

右南經之山志大小凡四十山萬六千三百八十里

又小板刻山海經一本　仁和張易閱

新刻山海經卷之二

晉　郭璞　著

明　胡文煥　校

西山經

西山經華山之首曰錢來之山其上多松其下多洗石（澡洗可以磢體去垢圿磢初兩反）有獸焉其狀如羊而馬尾名曰羬羊（今大月氐國有大羊如驢而馬尾爾雅云羊六尺為羬謂此羊也羬音針）其脂可以已腊（治體皴腊音昔）

西四十五里曰松果之山濩水出焉北流注于渭其中多銅有鳥焉其名曰螐渠（螐音彤弓之彤）其狀如山雞黑身赤足可以已䐢（謂皮皴起也音叵駮反）

又西六十里曰太華之山（即西岳華陰山也今在弘農華陰縣西南）削成而四方（今山形上大下小嵴峻也）其高五千仞其廣十里（仞八尺也上有明星玉女持玉漿得上服之即成仙道險僻不通時舍神霧云）鳥獸莫居有蛇焉名曰肥遺六足四翼見則天下大旱（湯時此蛇見於陽山下復有肥遺蛇疑是同名）

又西八十里曰小華之山（即少華山）其木多荆杞其獸多㸲牛（今華陰山中多山牛山羊肉皆千斤牛即此牛也音昨）其陰多磬石（可以為樂石）其陽多㻬琈之玉（㻬琈玉名所未詳也㻬浮兩音）鳥多赤鷩（赤鷩山雞之屬胷腹洞赤冠金皆黃頭綠尾中有赤毛彩鮮明音作蔽或作鼈）可以禦火其草有

草荔（草荔香草也蔽戾兩音）狀如烏韭而生於石上赤緣木而生（烏韭在屋者曰昔耶在牆者曰垣衣）食之已心痛

又西八十里曰符禺之山其陽多銅其陰多鐵其上有木焉名曰文莖其實如棗可以已聾其草多條其狀如葵而赤花黃實如嬰兒舌食之使人不惑符禺之水出焉而北流注于渭其獸多蔥聾其狀如羊而赤鬣其鳥多鴖（音旻）其狀如翠而赤喙（翠似燕而紺色也）可以禦火（畜之辟火災也）

又西六十里曰石脆之山其木多椶柟（椶樹高三丈許無枝條葉大而員枝生梢頭實皮相裹上行一皮者為一節可以為繩一名栟櫚音馬騣之騣）其草多條

其狀如韭而白華黑實食之已疥其陽多㻬琈之玉其陰多銅灌水出焉而北流注于禺水其中有流赭（赭赤土）以塗牛馬無病（今人亦以朱塗牛角云以辟惡馬或作角）

又西七十里曰英山其上多杻橿（杻似棣而細葉一名土橿音紐橿木中車材音姜）其陰多鐵其陽多赤金禺水出焉北流注于招水（音韶）其中多鮮魚（音同蚌蛤之蚌）其狀如鼈其音如羊其陽多箭䉋（今漢中郡出䉋竹厚裏而長節根深筍冬生地中人掘取食之䉋音媚）其獸多犀牛羬羊有鳥焉其狀如鶉黃身而赤喙其名曰肥遺食之已癘（癘疫病也或曰惡創韓子曰癘人憐王）可以殺蟲

又西五十二里曰竹山其上多喬木（枝上竦者音橋）其陰多

鐵有草焉其名曰黃雚其狀如樗其葉如麻白華而赤實其狀如赭（紫赤色）浴之已疥又可以已胕（治胕腫也音符）竹水出焉北流注于渭其陽多竹箭（箭篠也）多蒼玉丹水出焉（今所在有丹水）東南流注于洛水其中多水玉多人魚（如鯑魚四脚）有獸焉其狀如豚而白毛大如笄而黑端（笄簪屬）名曰毫彘（貆豬也夾髀有麁豪長數尺能以脊上毫射物亦自為牝牡貆或作假吳楚呼為鸞豬亦此類也）

又西百二十里曰浮山多盼木（音美目盼今之盼）枳葉而無傷（枳刺針也能傷人故名云）木蟲居之（在樹之中）有草焉名曰薰（音訓）草麻葉而方莖赤華而黑實臭如蘼蕪（蘼蕪香草易曰其臭如蘭眉無兩音）佩之可以已癘

又西七十里曰羭次之山（音臾）漆水出焉（今漆水出岐山）北流注于渭其上多棫橿（棫白桵也音域）其下多竹箭其陰多赤銅其陽多嬰垣之玉（垣或作短或作根或作埋傳寫謬錯未可得詳）有獸焉其狀如禺而長臂善投其名曰囂（亦在畏獸畫中似獮猴投擲也）有鳥焉其狀如梟人面而一足曰橐𩇯（音肥）冬見夏蟄服之不畏雷（著其毛羽令人不畏天雷也或作災）

又西百五十里曰時山無草木逐（或作遂）水出焉北流注于渭其中多水玉

又西百七十里曰南山上多丹粟丹水出焉北流注

于渭獸多猛豹猛豹似熊而小毛淺有光澤能食蛇食銅鐵出蜀中豹或作虎鳥多
尸鳩尸鳩布穀類也或曰鶌鵴也鳩或作丘

又西百八十里曰大時之山上多穀柞柞櫟下多杻橿陰多銀陽多白玉涔水出焉音潛北流注于渭清水出焉南流注于漢水今河內修武縣縣北黑山亦出清水

又西三百二十里曰嶓冢之山今在武都氐道縣南嶓音波漢水出焉而東南流注于沔至江夏安陸縣江即沔水囂水出焉北流注于湯水或作陽其上多桃枝鉤端鉤端桃枝屬獸多犀兕熊羆羆似熊而黃白色猛憨能拔樹鳥多白翰赤鷩白翰白鵫也亦名鵫雉又曰白雉有草焉其葉如蕙蕙香草蘭屬也或以蕙為薰葉失之音惠其本如桔

梗本根也黑華而不實名曰蓇蓉爾雅釋草曰榮而不實謂之蓇音骨食之使人無子

又西三百五十里曰天地之山上多椶柟下多菅蕙菅茅類也有獸焉其狀如狗名曰谿或作谷邊或作遺席其皮者不蠱有鳥焉其狀如鶉黑文如赤翁翁頭下毛音汲甕之甕名曰櫟音沙礫之礫食之已痔有草焉其狀如葵其臭如蘼蕪名曰杜衡香草也可以走馬帶之令人便馬或曰馬得之而健走食之已癭

西南三百八十里曰臯塗之山薔音色或作蕢又作萬水出焉西流注于諸資之水塗水出焉南流注于集獲之水

其陽多冊栗其陰多銀黃金其上多桂木有白石焉其名曰礜可以毒鼠今礜石殺鼠音豫蠶食之而肥有草焉其狀如槀茇槀茇香草其葉如葵而赤背名曰無條可以毒鼠有獸焉其狀如鹿而白尾馬足人手前兩腳似人手而四角名曰玃如音瑕玃之玃有鳥焉其狀如鴟而人足名曰數斯食之已癭或作癇

又西百八十里曰黃山今始平槐里縣有黃山上故有宮漢惠帝所起疑非此無草木多竹箭盼水出焉音美目盼兮之盼西流注于赤水其中多玉有獸焉其狀如牛而蒼黑大目其名曰𤛎音敏有鳥焉其狀如鴞青羽赤喙人舌能言名曰鸚䳇鸚䳇舌似小兒舌腳指前後各兩扶南徼外出五色者亦有純赤白者大如鴈也

又西二百里曰翠山其上多椶枏其下多竹箭其陽多黃金玉其陰多旄牛麢麝麢似羊而大角細食好在山崖間麝似獐而小有香其鳥多鸓音壘其狀如鵲赤黑而兩首四足可以禦火

又西二百五十里曰騩山音巍一音隗囂之隗是錞于西海錞猶堤埻也音章閏反無草木多玉淒水出焉或作浽西流注于海其中多采石黃金采石石有采色者今雌黃空青碌碧之屬多冊栗

凡西經之首自錢來之山至于騩山凡十九山二千九百五十七里華山冢也冢者神鬼之所舍也其祠之禮太牢

牛羊豕為大牢羭山神也祠之用燭或作煬齋百日以百犧牲純色者為犧瘞用百瑜瑜亦美玉名音臾湯或作溫其酒百樽溫酒令熱嬰以百珪百璧嬰謂陳之以環祭也或曰嬰即古罌字謂盂也徐州云穆天子傳曰黃金之嬰之屬也

其餘十七山之屬皆毛牷用一羊祠之牷謂牲體全具也左傳曰牷牲肥腯者也燭者百草之未灰白蒻采等純之純緣也五色純之等差其文綵也周禮莞席紛純

西次二經之首曰鈐山音髡鉗之鉗或作冷又作塗其上多銅其下多玉其木多杻橿

西二百里曰泰或作秦冒之山其陽多金其陰多鐵浴

水出焉東流注于河其中多藻玉藻玉玉有符彩者或作柬音練多白蛇水蛇

又西一百七十里曰數歷之山其上多黃金其下多銀其木多杻橿其鳥多鸚䳇楚水出焉而南流注于渭其中多白珠今蜀郡平澤出青珠尸子曰水員折者有珠

又西百五十里曰高山其上多銀其下多青碧碧亦玉類也今越嶲會稽縣東山出碧雄黃晉太興三年高平郡界有山崩其中出數千斤雄黃其木多椶其草多竹涇水出焉音經而東流注于渭今經水出安定朝那縣西开頭山至京兆高陵縣入渭也其中多磬石書曰泗濱浮磬是也青碧

西南三百里曰女牀之山其陽多赤銅其陰多石涅

即礜石也楚人名為涅石秦名為羽涅也本草經亦名曰石涅也其獸多虎豹犀兕
有鳥焉其狀如翟而五彩文翟次雉而大長尾或作鸞鸞鵰屬也名曰
鸞鳥見則天下安寧舊說鸞似雞瑞鳥也周成王時西戎獻之
又西二百里曰龍首之山其陽多黃金其陰多鐵苕
水出焉東南流注于涇水其中多美玉
又西二百里曰鹿臺之山今在上郡其上多白玉其下多
銀其獸多㸲牛羬羊白豪豪貆猪也有鳥焉其狀如雄雞
而人面名曰鳧徯其名自叫也見則有兵
西南二百里曰鳥危之山其陽多磬石其陰多檀楮
楮即穀木其中多女牀未詳鳥危之水出焉西流注于赤水

其中多丹粟
又西四百里曰小次之山其上多白玉其下多赤銅
有獸焉其狀如猿而白首赤足名曰朱厭見則大兵
一作見則有兵起焉一作見則為兵
又西三百里曰大次之山其陽多堊堊似土色甚白音惡其陰
多碧其獸多㸲牛麢羊
又西四百里曰薰吳之山無草木多金玉
又西四百里曰厎陽之山音旨其木多稷柟豫章稷似松有
刺細理音即豫章大木似楸葉冬夏青生七年而後復可知也其獸多犀兕虎犳㸲
牛犳音之樂反

又西二百五十里曰衆獸之山其上多㻬琈之玉其下多檀楮多黃金其獸多犀兕

又西五百里曰皇人之山其上多金玉其下多青雄黃即雄黃也或曰空青曾青之屬皇水出焉西流注于赤水其中多丹粟

又西三百里曰中皇之山其上多黃金其下多蕙棠形棠之屬也蕙或作羔

又西三百五十里曰西皇之山其陽多金其陰多鐵其獸多麋鹿㸲牛麋大如小牛鹿屬也

又西三百五十里曰萊山其木多檀楮其鳥多羅羅是食人羅羅之鳥所未詳也

凡西次二經之首自鈐山至于萊山凡十七山四千一百四十里其十神者皆人面而馬身其七神皆人面牛身四足而一臂操杖以行是為飛獸之神其祠之毛用少牢羊豬為少牢也白菅為席其十輩音背神者其祠之毛一雄鷄鈐而不糈鈐所用祭器名所未詳也或作思訓祈不糈祠不以米毛采言用雄色鷄也

西次三經之首曰崇吾之山在河之南北望冢遂山名南望䍃之澤音遥西望帝之搏獸之丘搏或作簿東望䗡音於然反淵有木焉員葉而白柎今江東人呼草木子房為柎音府一曰柎花子鄂音

丈夫字或作柎音符赤華而黑理其實如枳食之宜子孫有獸
馬其狀如禺而文臂豹虎而善投名曰舉父或作夸父有
鳥焉其狀如鳬而一翼一目相得乃飛名曰蠻蠻比翼
鳥也色青赤不比不能飛爾雅作鶼鶼鳥也見則天下大水
西北三百里曰長沙之山泚水出焉音紫北流注于泑
水烏交反又音黝水色黑也無草木多青雄黃
又西北三百七十里曰不周之山此山形有缺不周匝處因名云西北
不周風自此山出北望諸毗之山臨彼嶽崇之山東望泑澤
河水所潛也其源渾渾泡泡河南出昆侖潛行地下至葱嶺出于闐國復分
流岐出合而東流注泑澤已復潛行南出于積石山而為中國河也名泑澤即蒲澤一名蒲昌海廣三四

百里其水停冬夏不增減去玉門關三百餘里即河之重源所謂潛行也渾渾泡泡水濆涌之聲也衮咆
二音爰有嘉果其實如桃其葉如棗黃華而赤柎食之
不勞
又西北四百二十里曰峚山音密其上多丹木員葉而
赤莖黃華而赤實其味如飴食之不饑丹水出焉西
流注于稷澤后稷神所馮因名云其中多白玉是有玉膏其源
沸沸湯湯玉膏涌出之貌也河圖玉版曰少室山其上有白玉膏一服即仙矣亦此類也沸音
拂黃帝是食是饗所以得登龍於鼎湖而龍蛻也是生玄玉言玉膏中又出
黑玉也玉膏所出以灌丹木丹木五歲五色乃清言光鮮也
五味乃馨言滋香也黃帝乃取峚山之玉榮謂玉華也離騷曰懷琬琰

又華英又曰登崑崙兮食玉英汲冢書所謂苕華之玉而投之鍾山之陽以為玉種
瑾瑜之玉為良言最善也或作食覲史兩音堅栗精密說玉理也禮記曰瑱
密似栗栗或作栗玉有栗文所謂穀璧也濁澤有而光濁謂潤厚五色發作言符
彩互映色王子靈符應曰赤如鷄冠黄如蒸栗白如割肪黑如醇漆玉之符彩也以和柔剛
言玉協九德也天地鬼神是食是饗玉所以祈祭者言能動天地感鬼神君子
服之以禦不祥今徼外出金剛石石屬而似金有光彩可以刻玉外國人帶之云辟惡氣
亦此類也自峚山至于鍾山四百六十里其間盡澤也是
多奇鳥怪獸奇魚皆異物焉
又西北四百二十里曰鍾山其子曰鼓此亦神名名之為鍾山之
子耳其類皆見歸藏啟筮其狀如人面而龍身啟筮曰麗山之子青羽人面馬身亦

似此狀也是與欽䲹音邳殺葆江于崑崙之陽葆或作祖帝乃戮
之鍾山之東曰𡾰崖音遥欽䲹化為大鶚鶚鵰屬也音愕其狀
如鵰而黑文白首赤喙而虎爪其音如晨鵠晨鵠鶚屬猶云
晨鳧耳說苑曰鷄吠犬比奉晨鳧也見則有大兵鼓亦化為鵕鳥音俊其
狀如䲹赤足而直喙黄文而白首其音如鵠見即其
邑大旱穆天子傳云鍾山作舂字音同耳穆王北升此山以望四野曰鍾山是惟天下之高山也
百獸之所聚飛鳥之栖也爰有赤豹白虎白鳥青鵰執犬羊食豕鹿穆王五日觀于鍾山乃為銘迹於縣
圃之上以詔後世
又西百八十里曰泰器之山觀水出焉西流注于流
沙是多文鰩魚音遥狀如鯉魚魚身而鳥翼蒼文而白

首赤喙常行西海遊于東海以夜飛其音如鸞雞鸞雞鳥名未詳也或作欒其味酸甘食之已狂見則天下大穰豐穰收熟也韓子曰穰歲之秋

又西三百二十里曰槐江之山丘時之水出焉而北流注于泑水其中多蠃母即璞螺也其上多青雄黃多藏琅玕黃金玉琅玕石似珠者藏猶隱也郎干二音其陽多丹粟其陰多采黃金銀實惟帝之平圃即玄圃也穆天子傳曰乃為銘迹于玄圃之上謂刊石紀功德如秦皇漢武之為者也神英招司之司主也招音韶其狀馬身而人面虎文而鳥翼徇于四海徇謂周行也其音如榴音畱或作籀此所未詳也南望崑崙其光熊熊其氣魂魂皆光氣炎盛相焜燿之貌

西望大澤后稷所潛也后稷生而靈知及其終化形遯此澤而為之神亦猶傅說騎箕尾也其中多玉其陰多榣木之有若榣木大木也言其上復生若木大木之奇靈者為若見尸子國語曰榣木不生花也北望諸毗山名槐鬼離侖居之離侖其神名鷹鸇之所宅也鸇亦鷂屬也莊周曰鷂鴉甘鼠穆天子傳云鍾山上有白鳥青雕皆此族類也東望恒山四成成亦重也爾雅云再成曰英也有窮鬼居之各在一搏搏猶脅也言羣鬼各以類聚處山四脅有窮其總號耳搏一作摶爰有淫水其清洛洛水留下之貌也淫音遙也有天神焉其狀如牛而八足二首馬尾其音如勃黃勃皇未詳見則其邑有兵

西南四百里曰崑崙之丘是實惟帝之下都天帝都邑之在下者也穆天子傳曰吉日辛酉天子升于崑崙之丘以觀皇帝之宮而封豐隆之葬以詔後世言增封于

崑崙山之上神陸吾司之即肩吾也莊周曰肩吾得之以處大山也其神狀虎
身而九尾人面而虎爪是神也司天之九部及帝之
囿時主九城之部界天帝苑圃之時節也有獸焉其狀如羊而四角名
曰土螻是食人有鳥焉其狀如蜂大如鴛鴦名曰欽
原欽或作爰或作至也蠚鳥獸則死蠚木則枯有鳥焉其名曰
鶉鳥是司帝之百服服器服也一曰服事也或作藏有木焉其狀如
棠棠梨也華黃赤實其味如李而無核名曰沙棠可以
禦水食之使人不溺言體浮輕也沙棠為木不可得沉呂氏春秋曰果之美者沙棠
之實銘曰安得沙棠刻以為舟泛彼滄海以遨以遊有草焉名曰蕡草音瀕其狀
如葵其味如葱食之已勞呂氏春秋曰菜之美者崑崙之蘋河水出

焉出山東北隅也而南流東注于無達山名赤水出焉出山東南隅也
而東南流注于氾天之水氾天亦山名赤水所窮也穆天子傳曰遂宿于崑崙
之側赤水之陽陽水北也氾浮劒反洋水出焉出山西北隅或作清而西南流注
于醜塗之水醜塗亦山名也皆在南極穆天子傳曰戊辰濟陽水又曰觴天子洋水也黑
水出焉亦出西北隅也而西流于大杅山名也穆天子傳乃封長肱于黑水之
西河是惟崑崙鴻鷺之上以為周室主杅音于是多怪鳥獸謂有一獸九首有一鳥六首之
屬也
又西三百七十里曰樂游之山桃水出焉西流注于
稷澤是多白玉其中多䱻魚音滑其狀如蛇而四足是
食魚

西水行四百里曰流沙二百里至于蠃母之山神長
乘司之是天之九德也九德九氣所生其神狀如人而犳之藥
反尾其上多玉其下多青石而無水
又西三百五十里曰玉山是西王母所居也此山多玉石因
以名云穆天子傳謂之羣玉之山見其山河無險四徹中繩先王之所謂策府寡草木無鳥獸穆王於是
攻其玉石取玉石版三乘玉器服物載玉萬隻以歸雙玉為㲄半㲄為隻西王母其狀如
人豹尾虎齒而善嘯蓬髮戴勝蓬頭亂髮勝玉勝也音龐是司天
之厲及五殘王知災厲五形殘殺之氣也穆天子傳曰吉日甲子天子賓于西王母執玄圭
白璧以見西王母獻錦組百纓金玉百斤西王母再拜受之乙丑天子觴西王母于瑤池之上西王母為
天子謠曰白雲在天山陵自出道里悠遠山川間之將子無死尚復能來天子答之曰予還東土和理諸
夏萬民均平吾顧見汝比及三年將復而野西王母又為天子吟曰徂彼西土爰居其所虎豹為羣烏鵲
與處嘉命不遷我為帝女彼何世民又將去子吹笙鼓簧中心翱翔世民之子惟天之望天子遂驅升于
弇山乃紀迹于弇山之石而樹之槐眉曰西王母之山弇山即崦嵫山也案竹書穆王五十七年西王母
來見賓于昭宮舜時西王母遣使獻玉環見禮三朝有獸焉其狀如犬而豹文
其角如牛或作羊其名曰狡其音如吠犬見則其國大
穰晉太康七年邵陵扶夷縣檻得一獸狀如豹文有二角無前兩腳時人謂之狡疑非此有鳥
焉其狀如翟而赤名曰胜遇音姓是食魚其音如錄音錄
義未詳見則其國大水
又西四百八十里曰軒轅之丘無草木黃帝居此丘娶西陵氏女
號軒洵水出焉音洵南流注于黑水其中多丹粟多

青雄黃

又西三百里曰積石之山其下有石門河水冒以西流（冒猶覆也積石山今在金城河關西南羌中河水行塞外東入塞內）是山也萬物無不有焉（水經引山海經云積石山在鄧林山東河所入也）

又西二百里曰長留之山其神白帝少昊居之（少昊金天氏帝摯之號也）其獸皆文尾（或作長）其鳥皆文首（文或作長）是多文玉石實惟員神磈氏之宮（音隗）是神也主司反景（日西入則景反東照主司察之）

又西二百八十里曰章莪之山無草木多瑤碧（碧亦玉屬）所為甚怪（多有非常之物）有獸焉其狀如赤豹五尾一角其

音如擊石其名如猙（京氏易義曰音如石相擊音靜也）有鳥焉其狀如鶴一足赤文青質而白喙名曰畢方其鳴自叫也見則其邑有譌火（譌亦妖訛字）

又西三百里曰陰山濁浴之水出焉而南流注于蕃澤其中多文貝（餘泉蚔之類也見爾雅）有獸焉其狀如狸（或作豹）而白首名曰天狗其音如榴榴（或作貓貓）可以禦凶

又西二百里曰符惕之山（音陽）其上多棪枏下多金玉神江疑居之是山也多怪雨風雲之所出也

又西二百二十里曰三危之山（今在燉煌郡尚書云竄三苗于三危是也）三青鳥居之是山也廣員百里（三青鳥主為西王母取食者別自棲息於

此山也竹書曰穆王西征至於青鳥所解也其上有獸焉其狀如牛白身四角其毫如披蓑（蓑辟雨之衣也音梭）其名曰傲㹓是食人有鳥焉一首而三身其狀如鸈其名曰鴟（傲㹓二音　鸈似鵰黑文赤頸音洛下句或云扶狩則短扶木則枯應在上欽原下脫錯在此耳）

又西一百九十里曰騩山其上多玉而無石神耆童居之（耆童老童顓頊之子）其音常如鍾磬其下多積蛇

又西三百五十里曰天山多金玉有青雄黃英水出焉而西南流注于湯谷有神焉其狀如黃囊赤如丹火（體色黃而精光赤也）六足四翼渾敦無面目是識歌舞實惟帝江也（夫形無全者則神自然靈照精無見者則闇與理會其帝江之謂乎莊生所云中央之帝混沌為儵忽所鑿七竅而死者蓋假此以寓言也）

又西二百九十里曰泑山（泑音黝黑之黝）神蓐收居之（亦金神也人面虎爪白尾執鉞見外傳云）其上多嬰短之玉（未詳）其陽多瑾瑜之玉其陰多青雄黃是山也西望日之所入其氣員（日形員故其氣象亦然也）神紅光之所思也（未聞其狀）

西水行百里至于翼望之山（或作土翠山）無草木多金玉有獸焉其狀如狸一目而三尾名曰讙（讙音歡或作原）其音如奪百聲（言其能作百種物聲也或曰奪百物名亦所未詳）是可以禦凶服之已癉（黃癉病也音旦）有鳥焉其狀如烏三首六尾而善笑名曰鵸鵌（猗餘兩音）服之使人不厭（不厭夢也周書曰服者不眯音莫禮反或

（曰眯眯目也）又可以禦凶

凡西次三經之首崇吾之山至于翼望之山凡二十三山六千七百四十四里其神狀皆羊身人面其祠之禮用一吉玉瘞（玉加采色者也尸子曰吉玉大龜）糈用稷米

西次四經之首曰陰山上多穀無石其草多茆蕃（茆鳧葵也蕃青蕃似莎而大茆煩兩音）陰水出焉西流注于洛

北五十里曰勞山多茈草（一名茈莀中染紫也）弱水出焉而西流注于洛

西五十里曰罷父之山洱水出焉（音耳）而西流注于洛其中多茈碧

北百七十里曰申山其上多穀柞其下多杻橿其陽多金玉區水出焉而東流注于河

北二百里曰鳥山其上多桑其下多楮其陰多鐵其陽多玉辱水出焉而東流注于河

又北百二十里曰上申之山上無草木而多硌石（硌磊硌大石貌也音洛）下多榛楛（榛子似栗而小味美楛木可以為箭詩云榛楛濟濟榛怙兩音）獸多白鹿其鳥多當扈（或作尸）其狀如雉以其髯飛（髯咽下須毛也）食之不眴目（音眩）湯水出焉東流注于河

又北百八十里曰諸次之山諸次之水出焉而東流注于河是山也多水無草鳥獸莫居是多眾蛇

又北百八十里曰號山其木多漆椶（漆樹似樗也）其草多葯虈芎藭（葯白芷別名虈香草也芎藭一名江蘺葯音鳥較反）多汵石（汵或音金未詳）端水出焉而東流注于河

又北二百二十里曰盂山（音于）其陰多鐵其陽多銅其獸多白狼白虎（外傳曰周穆王伐犬戎得四白狼白虎虎名甝䖘）其鳥多白雉白翟（或作白翠）生水出焉而東流注于河

西二百五十里曰白於之山上多松柏下多櫟檀（櫟即柞）其獸多㸲牛羬羊其鳥多鴞（鴞似鳩而青色）洛水出于其陽而東流注于渭夾水出于其陰東流注于生水

西北三百里曰申首之山無草木冬夏有雪申水出于其上潛于其下是多白玉

又西五十五里曰涇谷之山（或無之山二字）涇水出焉（或以此為今涇水未詳）東南流注于渭是多白玉

又西百二十里曰剛山多柒木多㻬琈之玉剛水出焉北流注于渭是多神𩳁（𩳁亦魑魅之類也音恥回反或作魋）其狀人面獸身一足一手其音如欽（欽亦吟字假音）

又西二百里至剛山之尾洛水出焉而北流注于河其中多蠻蠻其狀鼠身而鼈首其音如吠犬

又西三百五十里曰英鞮之山上多漆木下多金玉鳥獸盡白涴水出焉（涴或作溴音冤枉之冤）而北注于陵羊之

澤是多冉遺之魚魚身蛇首六足其目如馬耳食之使人不眯可以禦凶

又西三百里曰中曲之山其陽多玉其陰多雄黃白玉及金有獸焉其狀如馬而白身黑尾一角虎牙爪音如鼓音其名曰駮是食虎豹（爾雅說駮不道有角及虎爪駮亦在畏狩畫中）可以禦兵（養之辟兵刃也）有木焉其狀如棠而員葉赤實實大如木瓜（木瓜如小瓜）名曰櫰木（音懷）食之多力（尸子曰木食之人多為仁者名為若木此之類）

又西二百六十里曰邽山（音圭）其上有獸焉其狀如牛蝟毛名曰窮奇音如獋狗是食人（或云似虎蝟毛有翼銘曰窮奇之獸厥形甚醜馭逐妖邪莫不犇走是以一名號曰神狗）濛水出焉（音蒙）南流注于洋水其中多黃貝（貝甲蟲肉如科斗但有頭尾耳）蠃魚（音螺）魚身而鳥翼音如鴛鴦見則其邑大水

又西二百二十里曰鳥鼠同穴之山（今在隴西首陽縣西南山有鳥鼠同穴鳥名曰鵌鼠名曰䶉䶉如人家鼠而短尾鵌似燕而黃色穿地入數尺鼠在內鳥在外而共處孔氏尚書傳曰共為雌雄張氏地理記云不為牝牡也）其上多白虎白玉渭水出焉而東流注于河（出山東至弘農華陰縣入河）其中多鰠魚（音騷）其狀如鱣魚（鱣魚大魚也口在頷下體有連甲也或作鮎魚）動則其邑有大兵（或脫魚從動則以下語者）濫水出于其西（音檻）西流注于漢水多鴽魮之魚（如玭兩音）其狀如覆銚鳥首而魚翼魚尾音如磬

石之聲是生珠玉亦珠母蚌之類而能生出之
西南三百六十里曰崦嵫之山日沒所入山也見離騷奄兹兩音其
上多丹木其葉如穀其實大如瓜赤符而黑理食之
已癉可以禦火其陽多龜其陰多玉苕或作若水出焉
而西流注于海禹大傳曰洧盤之水出崦嵫山其中多砥礪磨石也精為砥
麤為礪也有獸焉其狀馬身而鳥翼人面蛇尾是好舉人
喜報舉人名曰孰湖有鳥焉其狀如鴞而人面蜼身犬尾
蜼獼猴屬也音贈遺之遺一音誄見中山經尾又作皆其名自號也或作設設亦呼耳疑
此脫誤見則其邑大旱
凡西次四經自陰山以下至于崦嵫之山凡十九山

三千六百八十里其祠祀禮皆用一白鷄祈糈以稻
米白菅為席
右西經之上凡七十七山一萬七千五百一十七
里

新刻山海經卷之三

晉　郭　璞　傳

明　胡文煥　校

北山經

北山經之首曰單狐之山多榿木（榿木似榆可燒以糞稻田出蜀中音飢）其上多華草漨水出焉（音逢）而西流注于泑水其中多芘石文石

又北二百五十里曰求如之山其上多銅其下多玉無草木滑水出焉而西流注于諸毗之水（水出諸毗山也）其中多滑魚其狀如䱇赤背（䱇魚似蛇音善）其音如梧（如人相枝梧聲音吾子之吾）食之已疣（疣贅也）

其中多水馬其狀如馬文臂牛尾（臂前脚也周禮曰馬黑脊而班臂膢漢武元狩四年燉煌渥洼水出馬以為靈瑞者即此類也）其音如呼（如人叫呼）

又北三百里曰帶山其上多玉其下多青碧有獸焉其狀如馬一角有錯（言角有甲錯也或作厝）其名曰䑏疏（音歡）可以辟火有鳥焉其狀如烏五彩而赤文名曰鵸鵌（上已）（有此鳥疑同名）是自為牝牡食之不疽（無癰疽病也）彭水出焉而西流注于芘湖之水其中多儵魚（音由）其狀如雞而赤毛三尾六足四首其音如鵲食之可以已憂

又北四百里曰譙明之山譙水出焉西流注于河其

中多何羅之魚一首而十身其音如吠犬食之已癰

有獸焉其狀如貆而赤豪（貆豪猪也音丸）其音如榴榴名曰孟槐可以禦凶（辟凶邪氣也亦在畏獸畫中也）是山也無草木多青雄黃（一作多青碧）

又北三百五十里曰涿光之山嚻水出焉而西流注于河其中多鰼鰼之魚（音褶之褶）其狀如鵲而十翼鱗皆在羽端其音如鵲可以禦火食之不癉其上多松栢其下多椶橿其獸多麢羊其鳥多蕃（未詳或云即鷭音煩）

又北三百八十里曰虢山其上多漆其下多桐椐（桐梧桐也椐樻木腫節中杖椐音袪）其陽多玉其陰多鐵伊水出焉西流

注于河其獸多橐駝（有肉鞍善行流沙中日行三百里其負千斤知水泉所在也）其鳥多寓狀如鼠而鳥翼其音如羊可以禦兵

又北四百里至于虢山之尾其上多玉而無石魚水出焉西流注于河其中多文貝

又北二百里曰丹熏之山其上多樗栢其草多韭䪥（皆山菜爾雅有其名）多丹雘熏水出焉而西流注于棠水有獸焉其狀如鼠而菟首麋身其音如獋犬以其尾飛（或作髯飛獋音豪）名曰耳鼠食之不脿（脿大腹也見裨倉音采也）又可以禦百毒

又北二百八十里曰石者之山其上無草木多瑤碧

泚水出焉西流注于河有獸焉其狀如豹而文題幽身（題額也）名曰孟極是善伏其鳴自呼

又北百一十里曰邊春之山（或作春山）多葱葵韭（山葱名茖大葉）桃李（山桃榹桃子小不解核也）杠水出焉而西流注于泑澤有獸焉其狀如禺而文身善笑見人則臥（言佯眠也）名曰幽鴳（或作嬻嬒 鴳音遏）其鳴自呼

又北二百里曰蔓聯之山（萬連二音）其上無草木有獸焉其狀如禺而有鬣牛尾文臂馬蹄見人則呼名曰足訾其鳴自呼有鳥焉羣居而朋飛（朋猶輩也）其毛如雌雉名曰鵁（交音或作渴也）其鳴自呼食之已風

又北百八十里曰單張之山其上無草木有獸焉其狀如豹而長尾人首而牛耳一目名曰諸犍（音如犍牛之犍）善吒行則銜其尾居則蟠其尾有鳥焉其狀如雉而文首白翼黃足名曰白鵺（音夜）食之已嗌痛（嗌咽也穀梁傳曰嗌不容粒今吳人呼咽為嗌音隘）可以已痸（痸癡病也）櫟水出焉而南流注于杠水

又北三百二十里曰灌題之山其上多樗柘其下多流沙多砥有獸焉其狀如牛而白尾其音如訆（如人呼喚 訆音叫）名曰那父有鳥焉其狀如雌雉而人面見人則躍（躍跳）名曰竦斯其鳴自呼也匠韓之水出焉而西流

注于泑澤其中多磁石（可以取鐵管子曰山上有磁石者下必有銅音慈）又北二百里曰潘侯之山其上多松柏其下多榛楛其陽多玉其陰多鐵有獸焉其狀如牛而四節生毛名曰旄牛（今旄牛背膝及胡尾皆有長毛）邊水出焉而南流注于櫟澤

又北二百三十里曰小咸之山無草木冬夏有雪

北二百八十里曰大咸之山無草木其下多玉是山也四方不可以上有蛇名曰長蛇其毛如彘豪（說者云長百尋今蝮蛇色似艾綬文文間有毛如猪鬐此其類也常山亦有長蛇與此形不同）其音如鼓柝（如人行夜敲木柝聲音託）

又北三百二十里曰敦薨之山其上多椶柟其下多茈草敦薨之水出焉而西流注于泑澤出于昆侖之東北隅實惟河源（即河水出崑崙之虛）其中多赤鮭（今名鯸鮐為鮭魚音圭）其獸多兕旄牛（或作撲牛撲牛見離騷天門所未詳）其鳥多鳲鳩

又北二百里曰少咸之山無草木多青碧有獸焉其狀如牛而赤身人面馬足名曰窫窳（爾雅云窫窳似貙虎爪與此錯軋愈二音）其音如嬰兒是食人敦水出焉東流注于鴈門之水（水出鴈門山間）其中多魳魳之魚（音沛未詳或作鯆）食之殺人

又北二百里曰獄法之山瀤澤之水出焉（音懷）而東北流注于泰澤其中多鱳魚（音藻）其狀如鯉而鷄足食之

巳疪有獸焉其狀如犬而人面善投見人則笑其名山㹢音暉其行如風言疾見則天下大風

又北二百里曰北嶽之山多枳棘剛木檀柘之屬有獸焉其狀如牛而四角人目彘耳其名曰諸懷其音如鳴鴈是食人諸懷之水出焉而西流注于囂水其中多鮨魚音諸魚身而犬首其音如嬰兒今海中有虎鹿魚及海狶體皆如魚而頭似虎鹿猪此其類也食之已狂

又北百八十里曰渾夕之山無草木多銅玉囂水出焉而西北流注于海有蛇一首兩身名曰肥遺見則其國大旱管子曰涸水之精名曰蟡一頭而兩身其狀如蛇長八尺以其名呼之可使取魚龜亦此類

又北五十里曰北單之山無草木多葱韭

又北百里曰羆差之山無草木多馬野馬也似馬而小

又北百八十里曰北鮮之山是多馬鮮水出焉而西北流注于涂吾之水漢元狩二年馬出涂吾水中也

又北百七十里曰隄山或作院古字耳多馬有獸焉其狀如豹而文首名曰狕音么隄水出焉而東流注于泰澤其中多龍龜

凡北山經之首自單狐之山至于隄山凡二十五山五千四百九十里其神皆人面蛇身其祠之毛用一

雄鷄瘞吉玉用一珪瘞而不糈（言祭不用米皆埋其所用牲玉）山北人皆生食不火之物（或作皆生食而不火）

北次二經之首在河之東其首枕汾（臨汾水上也音墳）其名曰管涔之山（今在太原郡故汾陽縣北秀容山涔音岑）其上無木而多艸其下多玉汾水出焉而西流注于河（至汾陽縣北西入河）

又西二百五十里曰少陽之山其上多玉其下多赤銀（銀之精也）酸水出焉而東流注于汾水其中多美赭（管子曰山上有赭者其下有鐵）

又北五十里曰縣雍之山（今在晉陽縣西名汲甕雍音甕）其上多玉其下多銅其獸多閭麋（閭即羭也似驢而岐蹄角如麢羊一名山驢周禮曰北唐以閭亦見鄉射禮）其鳥多白翟白鵨（即白鵫也音于六反）晉水出焉而東南流注于汾水（東過晉陽南又東入汾）其中多鮆魚其狀如儵而赤鱗（小魚曰儵）其音如叱食之不驕（或作騷騷臭也）

又北二百里曰狐岐之山無草木多青碧勝水出焉而東北流注于汾水其中多蒼玉

又北三百五十里曰白沙山廣員三百里盡沙也無草木鳥獸鮪水出于其上潛于其下（出山之頂停其底也）是多白玉

又北四百里曰爾是之山無草木無水

又北三百八十里曰狂山無草木是山也冬夏有雪

狂水出焉而西流注于浮水其中多美玉

又北三百八十里曰諸餘之山其上多銅玉其下多松栢諸餘之水出焉而東流注于旄水

又北三百五十里曰敦頭之山其上多金玉無草木旄水出焉而東流注于印澤其中多䮝馬音勃牛尾而白身一角其音如呼

又北三百五十里曰鉤吾之山其上多玉其下多銅有獸焉其狀如羊身人面其目在腋下虎齒人爪其音如嬰兒名曰狍鴞是食人為物貪惏食人未盡還害其身像在夏鼎左傳所謂饕餮是也狍音咆

又北三百里曰北囂之山無石其陽多碧其陰多玉有獸焉其狀如虎而白身犬首馬尾彘鬣名曰獨狢音谷有鳥焉其狀如烏人面名曰鷩鶻般冒兩音或作夏也宵飛而晝伏鵂鶹之屬食之已暍中熱也音謁涔水出焉而東流注于邛澤

又北三百五十里曰梁渠之山無草木多金玉修水出焉而東流注于鴈門水名其獸多居暨其狀如彙而赤毛彙似鼠赤毛如刺也猬彙音渭其音如豚有鳥焉其狀如夸父或作舉父四翼一目犬尾名曰囂其音如鵲食之已腹痛可以止衕治洞下也音洞

又北四百里曰姑灌之山無草木是山也冬夏有雪
又北三百八十里曰湖灌之山其陽多玉其陰多碧
多馬湖灌之水出焉而東流注于海其中多䱻亦鱓魚字
有木焉其葉如柳而赤理
又北水行五百里流沙三百里至于洹山其上多金
玉三桑生之其樹皆無枝其高百仞百果樹生之其
下多怪蛇
又北三百里曰敦題之山無草木多金玉是錞于北
海
凡北次二經之首自管涔之山至于敦題之山凡十
七山五千六百九十里其神皆蛇身人面其祠毛用
一雄雞彘瘞埋之用一璧一珪投而不糈擿玉於山中以禮神不埋
之也

北次三經之首曰太行之山今在河內野王縣西北行音戶剛反其首
曰歸山其上有金石其下有碧有獸焉其狀如麢羊
而四角馬尾而有距其名曰驔善還還旋旋儛也驔音暉其鳴
自訆有鳥焉其狀如鵲白身赤尾六足其名曰鷶音犇
是善驚其鳴自詨今吳人謂呼為詨音呼交反
又東北二百里曰龍侯之山無草木多金玉決決之
水出焉音決而東流注于河其中多人魚其狀如鯑魚

四足其音如嬰兒（鯑見山中經或曰人魚即鯢也似鮎而四足聲如小兒啼今亦呼鮎為鯑音蹄）食之無癡疾

又東北二百里曰馬成之山其上多文石其陰多金玉有獸焉其狀如白犬而黑頭見人則飛（言肉翅飛行自在）其名曰天馬其鳴自訆有鳥焉其狀如烏首白而身青足黃是名曰鶌鶋（屈居二音或作鳴）其鳴自詨食之不飢可以已寓（未詳或曰寓猶誤也）

又東北七十里曰咸山其上有玉其下多銅是多松栢草多茈草條菅之出水焉（菅音間）而西南流注于長澤其中多器酸三歲一成（所未詳也）食之已癘

又東北二百里曰天池之山其上無草木多文石有獸焉其狀如兔而鼠首以其背飛（用其背上毛飛飛則仰也）其名曰飛鼠澠水出焉潛于其下（停山底也）其中多黃堊（堊土也）

又東三百里曰陽山其上多玉其下多金銅有獸焉其狀如牛而赤尾其頸腎其狀如句瞿（言頸上有肉腎句瞿斗也）其名曰領胡（音劬）其鳴自詨食之已狂有鳥焉其狀如雌雉而五彩以文是自為牝牡名曰象蛇其鳴自詨留水出焉而南流注于河其中有䱻父之魚（音陷）其狀如鮒魚魚首而彘身食之已嘔

又東三百五十里曰賁文之山其上多蒼玉其下多

黃堊多涅石

又北百里曰王屋之山今在河東東垣縣北書曰至于王屋也是多石𤃫水出焉𤃫音輦而西北流注于泰澤地理志王屋山沇水所出𤃫沇聲相近殆一水耳沇則濟也

又東北三百里曰教山其上多玉而無石教水出焉西流注于河是水冬乾而夏流實惟乾河今河東聞喜縣東北有乾河口因名乾河里但有故溝處無復水即是也其中有兩山是山也廣員三百步其名曰發丸之山其上有金玉

又南三百里曰景山外傳曰景霍以為城南望盬販之澤即盬池也今在河東猗氏縣或無販字北望少澤其上多草藷藇根似羊蹄可食曙豫二音今江南單呼為藷音儲語有輕重耳其草多秦椒子似椒而細葉草也其陰多赭其陽多玉有鳥焉其狀如蛇而四翼六目三足名曰酸與其鳴自詨見則其邑有恐或曰食之不醉

又東南三百二十里曰孟門之山尸子曰龍門未辟呂梁未鑿河出於孟門之上大溢逆流無有丘陵高阜滅之名曰洪水穆天子傳曰北升孟門九河之隥其上多蒼玉多金其下多黃堊多涅石

又東南三百二十里曰平山平水出于其上潛于其下是多美玉

又東二百里曰京山有美玉多漆木多竹其陽有赤銅其陰有玄䃤黑砥名也尸子曰加玄黃砥明色非一也䃤音竹篠之篠高水出

焉南流注于河

又東二百里曰虫尾之山其上多金玉其下多竹多青碧丹水出焉南流注于河薄水出焉（淮南子曰薄水出鮮于山）而東南流注于黄澤

又東三百里曰彭毗之山其上無草木多金玉其下多水蚤林之水出焉（音早）東南流注于河肥水出焉而南流注于牀水其中多肥遺之蛇

又東百八十里曰小侯之山明漳之水出焉南流注于黄澤有鳥焉其狀如烏而白文名曰鴣鸐（姑習二音）食之不瀫（不瞧目也或作瞧音醮）

又東三百七十里曰泰頭之山共水出焉（音恭）南注于虖池（呼佗二音下同）其上多金玉其下多竹箭

又東北二百里曰軒轅之山其上多銅其下多竹有鳥焉其狀如梟而白首其名曰黄鳥其鳴自詨食之不妬

又北二百里曰謁戾之山（今在上黨郡涅縣）其上多松柏有金玉沁水出焉南流注于河（至滎陽縣東北入河或出穀遠縣羊頭山也）其東有林焉名曰丹林丹林之水出焉南流注于河嬰侯之水出焉北流注于氾水

東三百里曰沮洳之山（詩云彼汾沮洳）無草木有金玉濝水

出焉音其南流注于河今淇水出汲郡隆慮縣大號山東過河內縣南為白溝

又北三百里曰神囷之山囷音如倉囷之囷其上有文石其下有白蛇有飛蟲黃水出焉而東流注于洹洹水出汲郡林慮縣東北至魏郡長樂入清水洹音丸滏水出焉而東流注于歐水今滏水出臨水縣西釜口山經鄴西北至列人縣入于漳其水熱

又北二百里曰發鳩之山今在上黨郡長子縣西其上多柘木有鳥焉其狀如烏文首白喙赤足名曰精衛其名自詨是炎帝之少女名曰女娃炎帝神農也娃惡佳反語誤或作階女娃遊于東海溺而不返故為精衛常銜西山之木石以堙于東海堙塞也音因漳水出焉濁漳音章東流注于河或曰出長子縣鹿谷山而東至鄴入清漳

又東北百二十里曰少山今在樂平郡沾縣沾縣故屬上黨其上有金玉其下有銅清漳之水出焉東流于濁漳之水清漳出少山大緡谷至武安縣南暴宮邑入于濁漳或曰東北至邑城入于大河也

又東北二百里曰錫山其上多玉其下有砥牛首之水出焉而東流注于滏水

又北二百里曰景山有美玉景水出焉東南流注于海澤

又北百里曰題首之山有玉焉多石無水

又北百里曰繡山其上有玉青碧其木多栒木中枚也音荀

其草多芍藥芎藭芍藥一名辛夷亦香草屬洧水出焉而東流注于河其中有鱯鱯似鮎而大白色也黽黽似蝦蟆小而青或曰鱯黽一物名耳

又北百二十里曰松山陽水出焉東北流注于河

又北百二十里曰敦與之山其上無草木有金玉溹水出于其陽音悉各反而東流注于泰陸之水大陸水今鉅鹿北廣平澤即其水泜水出于其陰音抵肆也而東流注于彭水今泜水出中丘縣西窮泉谷東注于堂陽縣入于漳水槐水出焉而東流注于泜澤

又北百七十里曰柘山其陽有金玉其陰有鐵歷聚之水出焉而北流注于洧水

又北三百里曰維龍之山其上有碧玉其陽有金其

陰有鐵肥水出焉而東流注于皋澤其中多礨石未詳也音雷或作礨磈壘大石貌或曰石名敞鐵之水出焉而北流注于大澤

又北百八十里曰白馬之山其陽多石玉其陰多鐵多赤銅木馬之水出焉而東北流注于虖沱呼沱二音

又北二百里曰空桑之山無草木上已有此山疑同名也冬夏有雪空桑之水出焉東流注于虖沱

又北三百里曰泰戲之山無草木多金玉有獸焉其狀如羊一角一目目在耳後其名曰辣辣音屋棟之棟其鳴自訆虖沱之水出焉今虖沱水出鴈門鹵城縣南武夫山而東流注

于淒水音樓液女之水出于其陽南流注于沁水液音悅懌之懌

又北三百里曰石山多藏金玉濩濩之水出焉濩音尺蠖之蠖而東流注于虖沱鮮于之水出焉而南流注于虖沱

又北二百里曰童戎之山皐涂之水出焉而東流注于溇液水

又北三百里曰高是之山今在北地靈丘縣滋水出焉音慈而南流注于虖沱其木其椶其草多條滱水出焉音寇東流注于河過博陵縣南又東北入于易水

又北三百里曰陸山多美玉𨛬水出焉或作郊水而東流注于河

又北二百里曰沂山音祈般水出焉音盤而東流注于河

北百二十里曰燕山多嬰石言石似玉有符彩嬰帶所謂燕石者燕水出焉東流注于河

又北山行五百里水行五百里至于饒山是無草木多瑶碧其獸多橐駝其鳥多鶹未詳或曰鶹鵂鶹也歷虢之水出焉而東流注于河其中有師魚食之殺人未詳或作鮑

又北四百里曰乾山無草木其陽有金玉其陰有鐵而無水有獸焉其狀如牛而三足其名曰獂音元其鳴

自諑

又北五百里曰倫山倫水出焉而東流注于河有獸焉其狀如麋其川在尾上川竅也其名曰羆

又北五百里曰碣石之山水經曰碣石山今在遼西臨渝縣南水中或曰在右北平驪城縣海邊山繩水出焉而東流注于河其中多蒲夷之魚未詳其上有玉其下多青碧

又北水行五百里至于鴈門之山無草木鴈門山即北陵西隃鴈之所出因以名云在高柳也

又北水行四百里至于泰澤其中有山焉曰帝都之山廣員百里無草木有玉金

又北五百里曰錞于毋逢之山北望雞號之山其風如䬆䬆急風貌也音戾或云飄風也西望幽都之山浴水出焉浴即黑水也是有太蛇赤首白身其音如牛見則其邑大旱

凡北次三經之首自太行之山以至于無逢之山凡四十六山萬二千三百五十里其神狀皆馬身而人面者廿神其祠之皆用一藻茝瘞之藻聚藻茝香草蘭之類音昌代反其十四神狀皆彘身而載玉其祠之皆玉不瘞不埋所用玉也其十神狀皆彘身而八足蛇尾其祠之皆用一壁瘞之大凡四十四神皆用稌糈米祠之此皆不火食

右北經之山志凡八十七山二萬三千二百三十里

新刻山海經卷之四

晉　郭璞　傳
明　胡文煥　校

東山經

東山經之首曰樕𧑒之山（速株二音）北臨乾昧（亦山名也音妹）食水出焉而東北流注于海其中多鱅鱅之魚（音容）其狀如犂牛（牛似虎文者）其音如彘鳴

又南三百里曰藟山（音誄）其上有玉其下有金湖水出焉東流注于食水其中多活師（科斗也爾雅謂之活東）

又南三百里曰栒狀之山其上多金玉其下多青碧

石有獸焉其狀如犬六足其名曰從從其鳴自詨有鳥焉其狀如雞而鼠毛其名曰𧊒鼠（音咨）見則其邑大旱沢水出焉（音枳）而北流注于湖水其中多箴魚其狀如儵其喙如箴（出東海今江東水中亦有之）食之無疫疾

又南三百里曰勃亝之山無草木無水

又南三百里曰番條之山無草木多沙減水出焉（音同減損之減）北流注于海其中多鱤魚（一名黃頰音感）

又南四百里曰孤兒之山其上多漆其下多桑柘姑兒之水出焉北流注于海其中多鱤魚

又南四百里曰高氏之山其上多玉其下多箴石（可以

為砭針治癰腫者諸繩之水出焉東流注于澤其中多金玉

又南三百里曰嶽山其上多桑其下多樗濼水出焉音樂東流注于澤其中多金玉

又南三百里曰犲山其上無草木其下多水其中多堪孖之魚未詳音序有獸焉其狀如夸父而彘毛其音如呼見則天下大水

又南三百里曰獨山其上多金玉其下多美石末塗之水出焉而東南流注于沔其中多條蛹條容二音其狀如黃蛇魚翼出入有光見則其邑大旱

又南三百里曰泰山即東嶽岱宗也今在泰山奉高縣西北從山下至頂四十八里三百步也其上多玉其下多金有獸焉其狀如豚而有珠名曰狪狪音如吟桐之桐其名自訆環水出焉東流注于江作海其中多水玉

又南三百里曰竹山錞于江一作涯無草木多瑤碧激水出焉而東南流注于娶檀之水其中多茈蠃

凡東山經之首自樕螽之山以至于竹山凡十二山三千六百里其神狀皆人身龍首祠毛用一犬祈聃用魚以血塗祭為聃也公羊傳云蓋叩其鼻以聃社音鉤餌之餌

東次二經之首曰空桑之山此山出琴瑟材見周禮也北臨食水東望沮吳南望沙陵西望湣澤音旻有獸焉其狀如牛

而虎文其音如欽（或作吟）其名曰軨軨（音靈）其鳴自叫見
則天下大水
又南六百里曰曹夕之山其下多穀而無水多鳥獸
又西南四百里曰嶧皐之山（音亦）其上多金玉其下多
白堊嶧皐之水出焉東流注于激女之水其中多蜃
珧（蜃蚌也珧玉珧亦蚌屬腎遥兩音）
又南水行五百里流沙三百里至于葛山之尾無草
木多砥礪
又南三百八十里曰葛山之首無草木澧水出焉（音禮）
東流注于余澤其中多珠蟞魚（音鼈）其狀如肺而有目

六足有珠其味酸甘食之無癘（無時氣病也呂氏春秋曰澧水之魚名曰
朱蟞六足有珠魚之美也）
又南三百八十里曰餘峩之山其上多梓枏其下多
荊芑雜余之水出焉東流注于黃水有獸焉其狀如
莬而鳥喙鴟目蛇尾見人則眠（言佯死也）名曰犰狳（仇餘二音）
其鳴自訆見則螽蝗爲敗（螽蝗類也言傷敗田苗音終）
又南三百里曰杜父之山無草木多水
又南三百里曰耿山無草木多水碧（亦水玉類）多大蛇有
獸焉其狀如狐而魚翼其名曰朱獳（音儒）其鳴自叫見
則其國有恐

又南三百里曰盧其之山無草木多沙石沙水出焉南流注于涔水其中多鵹鶘(音黎)其狀如鴛鴦而人足其鳴自訆見則其國多土功(今鵜胡足頗有似人脚形狀也)

又南三百八十里曰姑射之山無草木多水

又南水行三百里流沙百里曰北姑射之山無草木多石

又南三百里曰南姑射之山無草木多水

又南三百里曰碧山無草木多大蛇多碧水玉

又南五百里曰緱氏之山無草木多金玉原水出焉東流注于沙澤(一曰侠氏之山)

又南三百里曰姑逢之山無草木多金玉有獸焉其狀如狐而有翼其音如鴻鴈其名曰獙獙(音斃)見則天下大旱

又南五百里曰鳧麗之山其上多金玉其下多箴石有獸焉其狀如狐而九尾九首虎爪名曰蠪姪(龍蛭二音)其音如嬰兒是食人

又南五百里曰䃌山(音一真反)南臨䃌水東望湖澤有獸焉其狀如馬而羊目四角牛尾其音如獆狗其名曰峳峳(音攸)見則其國多狡客(狡猾也)有鳥焉其狀如鳧而鼠尾善登木其名曰絜鉤見則其國多疫

凡東次二經之首自空桑之山至于煙山凡十七山六千六百四十里其神狀皆獸身人面載觡麋鹿屬角為觡音格其祠毛用一鷄祈嬰用一璧瘞

又東次三經之首曰尸胡之山北望殍山音詳其上多金玉其下多棘有獸焉其狀如麋而魚目名曰妴胡音婉其鳴自訆

又南水行八百里曰岐山其木多桃李其獸多虎

又南水行五百里曰諸鉤之山無草木多沙石是山也廣員百里多寐魚即鯀魚音味

又南水行七百里曰中父之山無草木多沙

又東水行千里曰胡射之山無草木多沙石

又南水行七百里曰孟子之山其木多梓桐多桃李其草多菌蒲未詳音睭狥之睭其獸多麋鹿是山也廣員百里其山有水出焉名曰碧陽其中多鱣鮪鮪即鱏也似鱏而長鼻體無鱗甲別名鮰鱣一名鱑也

又南水行五百里曰流沙行五百里有山焉曰跂踵之山跂音企廣員二百里無草木有大蛇其上多玉有水焉廣員四十里皆涌今河東汾陰縣有瀵水源在地底濆沸涌出其深無限即此類也其名曰深澤其中多蠵龜蠵觜蠵大龜也甲有文彩似瑇瑁而薄音遺知反有魚焉其狀如鯉而六足鳥尾名曰鮯鮯之魚

音蛉其名自叫

又南水行九百里曰踇隅之山（音敏字）其上多草木多金玉多赭有獸焉其狀如牛而馬尾名曰精精其鳴自叫

又南水行五百里流沙三百里至于無皋之山南望幼海（即少海也淮南子曰東方大渚曰少海）東望榑木（扶桑二音）無草木多風是山也廣員百里

凡東次三經之首自尸胡之山至于無皋之山凡九山六千九百里其神狀皆人身而羊角其祠用一牡羊米用黍是神也見則風雨水爲敗

又東次四經之首曰北號之山臨于北海有木焉其狀如楊赤華其實如棗而無核其味酸甘食之不瘧食水出焉而東北流注于海有獸焉其狀如狼赤首鼠目其音如豚名曰猲狙（葛苴二音）是食人有鳥焉其狀如鷄而白首鼠足而虎爪其名曰鬿雀（音祈）亦食人

又南三百里曰旄山無草木蒼體之水出焉而西流注于展水其中多鱃魚（今蝦鰌字亦或作鱃秋音）其狀如鯉而大首食者不疣

又南三百二十里曰東[illegible]之山上多蒼玉有木焉其狀如楊而赤理其汁如血不實其名曰芑（音起）可以服

焉以汁塗之則馬調良洮水出焉而東北流注于海其中多美貝多茈魚其狀如鮒一首而十身其臭如蘪蕪食之不橨孚謂反止失氣也

又東南三百里曰女烝之山其上無草木石膏水出焉而西注于鬲水其中多薄魚其狀如鱣魚而一目其音如歐如人嘔吐声也見則天下大旱

又東南二百里曰欽山多金玉而無石師水出焉而北流注于皐澤其中多鱃魚多文貝有獸焉其狀如豚而有牙其名曰當康其鳴自叫見則天下大穰

又東南二百里曰子桐之山子桐之水出焉而西流

注于餘如之澤其中多鮹魚音滑其狀如魚而鳥翼出入有光其音如鴛鴦見則天下大旱

又東北二百里曰剡山多金玉有獸焉其狀如彘而人面黃身而赤尾其名曰合窳音庾其音如嬰兒是獸也食人亦食蟲蛇見則天下大水

又東二百里曰太山上多金玉楨木女楨也葉冬不凋有獸焉其狀如牛而白首一目而蛇尾其名曰蜚音如翡翠之翡行水則竭行草則死見則天下大疫言其體含災氣也其銘曰蜚之為名體似無害所經枯竭甚於鴆厲萬物斯懼思爾遐逝鉤水出焉而北流注于勞水其中多鱃魚

凡東次四經之首自北號之山至于太山凡八山一千七百二十里

右東經之山志凡四十六山萬八千八百六十里

凡東次四經之首自北號之山至于太山凡八山一
千七百二十里
右東經之山志凡四十六山萬八千八百六十里

山海經卷四